amiyomom

¿Cómo suenan tus emociones?

Idea original de Roberto Castrillo de la Torre
© de los textos, Antonia de la Torre, 2023
© de la edición, Carla Peña, 2023
© de las ilustraciones y el diseño, Beatriz Soro, 2023
@amiyomom
ISBN: 978-84-09-50792-4

¿Cómo suenan tus emociones?

Antonia de la Torre

A mi hijo Roberto,
mi maestro, mi gran Amor.

Alegría

Amitu siente alegría cuando está con todos sus amigos y amigas y juntos, ríen, juegan y se divierten ¡Amitu es feliz!

¿Cómo suena tu alegría?

Tristeza

Amitu siente tristeza al tener a sus abuelos lejos pero sabe que, muy pronto, llegarán las vacaciones y volverán a abrazarse.

¿Cómo suena tu tristeza?

Enfado

Amitu se enfada porque no quiere recoger sus juguetes antes de cenar. Desde su habitación huele su comida favorita y le puede más el apetito que la emoción. Rápido guarda sus juguetes y disfruta de la cena en familia.

¿Cómo suena tu enfado?

Miedo

Amitu siente miedo cuando, al irse a dormir, llega la hora de apagar la luz porque teme la oscuridad. Su mamá y su papá han colocado una luz quitamiedos en la mesilla de noche para que pueda descansar.

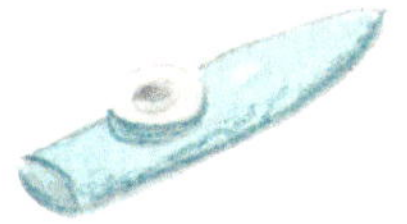

¿Cómo suena tu miedo?

9

Calma

Amitu se siente en calma cuando puede disfrutar de un baño de agua calentita y enormes pompas de jabón antes de cenar.

¿Cómo suena tu calma?

Agotamiento

Amitu siente mucho agotamiento porque ha sido un día muy largo y al dormir le cuesta conciliar el sueño. Él sabe que cuando alguien especial le lee un cuento, pronto sus ojos comienzan a cerrarse y empieza a soñar.

¿Cómo suena tu agotamiento?

Nerviosismo

Amitu se va mañana de excursión al campo con sus compañeros y compañeras de clase. Va de aquí para allá preparando su mochila y pregunta en alto: ¿Crees que veremos mariposas? ¿Dónde está mi lupa? ¿Y mi cantimplora? Amitu siente muchos nervios.

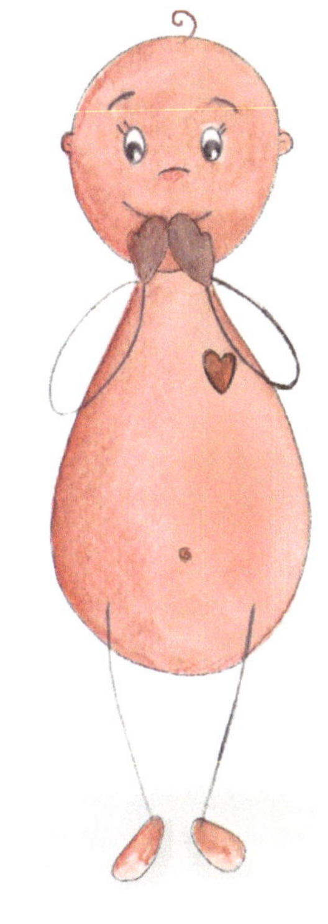

¿Cómo suena tu nerviosismo?

Celos

Amitu siempre juega a la pelota con su amigo Jaime. Hoy ha llegado una niña nueva al colegio y Jaime se ha puesto a jugar con ella. Amitu siente celos porque ya no juega con él. Su maestra le explica que en el juego hay lugar y espacio para todos. Amitu le da la mano a los dos y juntos disfrutan del recreo.

¿Cómo suenan tus celos?

Vergüenza

A Amitu le encanta poner música y bailar en casa pero llega la fiesta de Carnaval del cole y le da muchísima vergüenza participar. De repente suena su canción favorita y decide, con el apoyo de sus compañeras y compañeros que le dan la mano, dejar la vergüenza a un lado y disfrutar.

¿Cómo suena tu vergüenza?

Ternura

Amitu ama a los animales. Le encantan los cachorros. Al verlos siempre siente muchísima ternura y exclama: ¡Qué monos!

¿Cómo suena tu ternura?

Orgullo

A Amitu le encanta participar cada verano en las labores de recogida de basura de la playa de su ciudad. Se siente súper orgulloso cuando entrega las bolsas cargadas de residuos y confía en que cada vez seamos más los que cuidamos de nuestro medio ambiente.

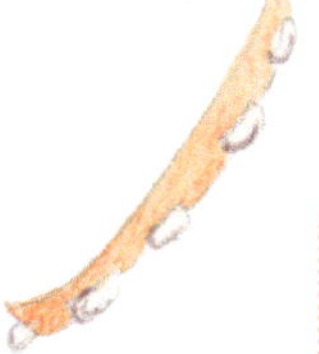

¿Cómo suena tu orgullo?

Sorpresa

Amitu observa con asombro la luna llena que ilumina el cielo. Como si de una enorme bombilla se tratara exclama siempre que la ve: ¡Guauuu! ¿Cómo puede estar tan lejos y emitir tantísima luz?

¿Cómo suena tu sorpresa?

Confusión

Amitu recibe alegre en casa a sus familiares. Por un lado, le encanta que estén de visita en su ciudad pero, por otro, no le gusta cómo desordenan su habitación y se enfada. Amitu siente una tremenda confusión.

¿Cómo suena tu confusión?

Concentración

A Amitu le encanta visitar las montañas nevadas con su familia en invierno y hacer juntos un muñeco de nieve. Se concentra muchísimo para hacer esta actividad que tanto le apasiona.

¿Cómo suena tu concentración?

Dolor

¡Achúuuss! Vaya, parece que Amitu ha olvidado esta mañana su bufanda. Con el frío que hace, al llegar la noche siente un dolor de garganta muy fuerte al tragar ¡Se ha resfriado!

¿Cómo suena tu dolor?

Nostalgia

Amitu está mirando las fotos del pasado verano y recuerda con cariño y morriña lo bien que lo pasó aquellos días junto a sus seres queridos. Amitu siente mucha nostalgia.

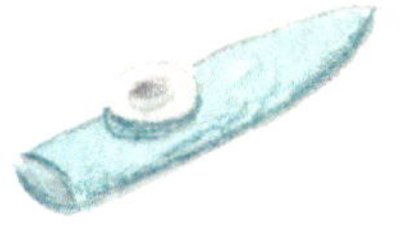

¿Cómo suena tu nostalgia?

¿Cómo surge este proyecto?

La maternidad me hizo el mejor regalo de mi vida, me estrené en un rol tan ansiado pero desconocido a la vez, el de mamá, y revolucionó mi vida por completo.

Torbellino de emociones, entre las que predominaba una por encima de todas, el amor, pero un amor muy diferente al experimentado hasta el momento, un amor mamífero, puro, intenso, incondicional, natural, doloroso incluso... La vivencia y expresión de esta emoción, el amor, cambió el día en el que mi hijo nació.

Él es y ha sido el motor de este libro y de todo el proyecto AMIYOMOM en general.

A lo largo de estos años él ha sido y es mi gran maestro. Me enseñó a validar emociones manifestadas de forma muy distinta a como yo las sentía o me permitía sentir y expresar. Ahí empezó un trabajo de toda la familia en el mundo de los sentimientos, permitiéndonos darles formas variopintas, siempre desde el respeto, la comprensión y la aceptación de las mismas.

Así nacieron los AMITUS, de la mano de mi hijo en plena explosión de sus emociones y de sus dibujos, sus creaciones artísticas, una forma ideal de formularlas.

Si a esto le sumo mi pasión por mi profesión, la Musicoterapia, y, en concreto, la Terapia no Verbal de la mano del Modelo Benenzon, es como nace la idea de expresar y vivir las emociones y sentimientos a través del cuerpo, la voz y los instrumentos musicales.

Las emociones en muchas ocasiones son difíciles de reconocer tanto por niños y niñas como por adultos. Éstas pueden variar en intensidad, incluso, pueden mezclarse unas con otras, haciendo su identificación más compleja aún.

Cada persona vive, siente y expresa las emociones que le emergen de formas muy diferentes. Dependerá de las vivencias de cada persona, de su personalidad... En definitiva, de su identidad sensorial.

Cuando queremos expresar cómo nos sentimos y ponerlo en palabras, el asunto, se complica... En ocasiones, lo representaremos de forma involuntaria e inconsciente utilizando el lenguaje no verbal: Llanto, gritos, gestos, onomatopeyas...

Este libro quiere dar un paso más allá y ayudarnos a reconocer y expresar nuestros estados emocionales utilizando de una manera mucho más consciente nuestro cuerpo como un todo *sonoro-corporo-musical* y, también, a través de elementos cotidianos e instrumentos musicales.

Nuestro cuerpo es fuente ilimitada de sonidos y ritmos. ¿Cómo podemos utilizarlo?

Los Amitus nos acompañarán en sus emociones, contándonos situaciones en las que ellos las viven.

Cuando paseamos por las emociones que Amitu nos narra en su cuento, si nos sentimos identificados con ellas, podemos intentar expresarlas a través de nuestro cuerpo, con la voz y la percusión corporal, pero también podemos hacerlo a través de algunos instrumentos musicales sencillos que os proponemos. ¿Cómo lo hacemos?

Tan simple como *"¿Cómo suena tu…?"*. Cada niña o niño, mamá o papá, abuela o abuelo, tía o tío, podrá utilizar los recursos que considere más oportunos para expresar dicha emoción en ese momento. Es posible que la emoción en cuestión no nos emerja en ese instante. Entonces, podemos dejarlo para más adelante cuando ésta surja de manera espontánea.

En ese momento, cuando aflore de forma natural, podemos recurrir al libro y ofrecer una opción diferente de expresarla y canalizarla. Por lo tanto, este libro puede tener un uso convencional como lectura pero, también, puede usarse como recurso en momentos puntuales que queramos expresar nuestros estados emocionales a través del lenguaje no verbal.

No nos asustemos si hay una explosión de sonidos y ritmos, o si no nos sentimos identificados con la forma o intensidad de su expresión. Recordemos que cada persona siente y percibe el mundo que le rodea de manera muy diferente con lo que cualquier producción *sonoro-corporo-musical* debe ser respetada, aceptada y bienvenida.

Juguemos, trabajemos, vivamos, sintamos y abracemos nuestros sentimientos en el seno familiar, en el grupo, en la clase… De esta manera, estaremos creando, fortaleciendo y desarrollando la identidad sensorial cultural de cada uno de los miembros para sentar las bases de una educación emocional sana en habilidades para la vida y el bienestar.

¿Os animáis a ponerle sonido y ritmo a vuestras emociones?

Si te gustaría recibir material adicional y estar al día de nuestras novedades, puedes escribirnos a amiyomom@gmail.com

Instrumentos propuestos:

IDIÓFONOS: Maracas, triángulo, cascabeles, crótalos…

MEMBRANÓFONOS: Tambor, pandereta…

AERÓFONOS: Flauta dulce, flauta de pan, trompeta, kazoo…

CORDÓFONOS: Arpa, guitarra, ukelele…

ACUÓFONOS: Botellas llenas de agua con por ejemplo garbanzos, cuentas...

NATURALES: Hojas de árboles, ramas, piedrecitas...

COTIDIANOS: Papel de periódico, globos, sartenes, tapas, cacerolas, utensilios de cocina de madera...

Conócenos